PETITE BIBLIOTHÈQUE RURALE

N° 1

TRUFFES ET FRAISES

(Culture et Commerce)

PAR

Gustave FALIÈS

Prix : 50 Centimes

PARIS
LIBRAIRIE DE LA BOURSE DE COMMERCE
33, RUE JEAN-JACQUES-ROUSSEAU, 33

1899

Société des Truffières de France

(ANONYME)

CAPITAL : 600,000 FRANCS

divisé en 6,000 Actions de 100 Francs chacune

DOMAINE DE LA CABANASSE DE FORBIN

à Saint-Martin-de-Crau

Propriété de la Société : 461 hectares

SIÈGE SOCIAL à PARIS

29, Rue J.-J.-Rousseau, 29

SIÈGE ADMINISTRATIF à AVIGNON (Vaucluse)

CONSEIL D'ADMINISTRATION :

MM. **Ch. CHEVALIER**, *Président ;*
Emile DEYROLLES, *Vice-Président ;*
Eugène REBOULIN, *Administrateur-Délégué ;*
Marius JOUVE, *Administrateur-Directeur ;*
Ch. BIVORT, *Secrétaire ;*
J. LASSON
Léopold VIOLLETTE } *Membres.*

Adresser la Correspondance à M. MARIUS JOUVE à AVIGNON (Vaucluse).

PETITE BIBLIOTHÈQUE RURALE

N° 1

TRUFFES ET FRAISES

(Culture et Commerce)

PAR

Gustave FALIÈS

Prix : **50** Centimes

PARIS

LIBRAIRIE DE LA BOURSE DE COMMERCE

33, RUE JEAN-JACQUES-ROUSSEAU, 33

TRUFFES & FRAISES

I

En cet étrange hiver 1898-99, il s'est produit un fait économique qui donnera certainement à réfléchir à tous ceux qui ne connaissent que par ouï-dire la culture truffière : Les truffes ont atteint des prix insoupçonnés sur tous les marchés de production et de consommation.

Et cependant ces produits se sont « enlevés » comme s'ils s'étaient vendus à un cours relativement faible. Apparemment, ce fait n'a rien de singulier et il découle de la loi de l'offre et de la demande.

Les truffières provençales, périgourdines et languedociennes, n'ayant que peu « donné » par suite de la terrible sécheresse de l'été de 1898, la récolte dernière a été fatalement bien inférieure à celle des précédentes années. Mais cette diminution de production n'est pas du tout en rapport avec l'extraordinaire hausse du précieux condiment que l'on a pu constater, sans pourtant s'en affliger. Il en résulte que les propriétaires de truffières — les trufficulteurs — comme les commissionnaires et les marchands de comestibles, n'ont point vu leurs bénéfices décroître.....

Sur n'importe quel produit agricole, légumes ou fruits quelconques, la hausse n'est jamais aussi disproportionnée quand la production reste en dessous de la moyenne normale, et le résultat est, sans cesse, une moins-value de recettes.

Malgré la sécheresse qui a contrarié la formation des truffes, on ne peut dire que la production en général ait diminué, puisque, depuis une dizaine d'années, les plantations d'essences truffigènes dans le Midi, le Sud-Est et le Sud-Ouest, grâce aux encouragements, aux sages conseils des sociétés d'agriculture, se sont multipliées dans les terrains aptes à assurer l'évolution mystérieuse du mycelium truffier.

Cela justifie les prévisions de M. Adolphe Chatin, qui a dit que, en dépit du développement de la production truffière, les cours des truffes n'avaient nulle tendance à la diminution.

La trufficulture reste donc, quels que soient les événements économiques, quels que soient les phénomènes atmosphériques, « la plus rémunératrice des exploitations agricoles », suivant notre propre expression (1).

*
* *

Depuis l'antiquité, la truffe a toujours fait les délices des gourmets, et sa consommation tend à s'accroître, bien que le commerce de cette précieuse denrée soit mal organisé et que l'exportation n'existe pour ainsi dire pas, surtout pour la truffe à l'état frais. Il ne sera possible d'ailleurs d'entreprendre l'exportation en Angleterre, en Allemagne, en Russie, et aussi en Amérique (New-York, Chicago, etc.), que lorsqu'il existera au moins une grande exploitation trufficole, comme celle par exemple qu'établit à l'heure actuelle la *Société des Truffières de France*.

La truffe vient naturellement dans certains terrains calcaires, principalement situés en France, dans les petites Alpes du Vaucluse, dans la Drôme, les Basses-Alpes, les Bouches-du-Rhône et sur les plateaux du Périgord et du Languedoc.

Autrefois, on allait à sa découverte un peu au hasard, en se fiant à l'odorat des truies ou de

(1) Voir les articles publiés dans le *Bulletin des Halles*, sous la rubrique *La plus rémunératrice des exploitations agricoles*.

chiens dressés tout exprès. Cette situation dura jusqu'au commencement de ce siècle sans nulle exception.

Vers 1812, un *rabassier* (chercheur de truffes) de Saint-Saturnin-d'Apt (Vaucluse), Joseph Tallon (1), fit une découverte qui devait donner naissance à l'industrie truffière.

Le fruste paysan vauclusien remarqua qu'aux pieds de certains arbres on trouvait régulièrement des truffes. Il eut l'idée de prendre des glands sur les chênes truffigènes et de les semer ; quelques années plus tard, il pouvait récolter des truffes aux pieds des petits chênes.

Le rusé *rabassier* avait reconnu, dit M. Adolphe Chatin, la valeur de sa découverte, qu'il résolut d'exploiter secrètement. Ayant acheté des terres sans valeur de son entourage, il y fit des semis avec les glands truffiers qu'il récoltait en se cachant, sous tous les chênes ayant

(1) Il est étrange que la mémoire de Joseph Tallon ait été jusqu'ici, aussi peu honorée ! Est-ce que sa découverte ne vaut pas une grande victoire ! Est-ce que son intuition, son empirisme génial ne méritent pas les honneurs de la postérité ? Nous sommes en présence d'un paysan vulgaire, sans doute ; mais n'est-ce pas une raison pour consacrer un peu de bronze à un homme que l'on peut considérer comme le créateur de la trufficulture française ?

truffières à leur pied, et bientôt il put faire d'abondantes récoltes de truffes.

Joseph Tallon ne tarda pas à réaliser une fortune considérable.

Peu à peu les paysans, et aussi les communes, imitèrent plus ou moins rapidement le procédé de Tallon. Ainsi se constituèrent ces forêts de chênes-truffiers qui tapissent aujourd'hui les flancs du mont Ventoux, des monts Lubéron et de Lure, et ces petits bois épars qui font l'admiration du touriste dans la Dordogne, le Lot, l'Aveyron, etc.

On appelle truffières artificielles, celles provenant de semis de glands ou de la plantation, en terrain propice bien entendu, de plants truffiers venus en pépinières.

Jusqu'au milieu de ce siècle, les truffières furent concentrées en montagne. L'honneur de la création de truffières en plaine, en terrain calcaire et sous le climat provençal, revient à M. Rousseau, de Carpentras. M. le docteur Ferry de la Bellone explique en effet : « M. Rousseau, grand négociant de truffes de Carpentras, s'inspirant des procédés de Tallon dont il avait visité les truffières, eut l'idée de transformer en terres à truffes le domaine dit le Puits du-Plan qu'il possédait aux environs de la ville. Les débuts furent d'abord incertains ; mais, en 1868,

M. Rousseau retirait de sept hectares de truffières échelonnées, un revenu annuel de 468 fr. par hectare, tous frais payés, et il récoltait pour près de 40,000 francs de truffes en douze années de production effective ».

Depuis, cette évolution s'est lentement poursuivie. Les communes de Vaucluse afferment leurs forêts communales pour des sommes importantes. L'année dernière la commune de Bédoin, village pour ainsi dire perdu dans les rocs du mont Ventoux, affermait pour cinq ans ses terrains truffiers à raison de 38,000 francs par an. Tous les propriétaires ont un, deux, trois hectares et plus plantés de chênes truffigènes ; en vendant leurs produits à un prix plus ou moins rémunérateur aux commissionnaires qui fréquentent les marchés d'Apt et de Carpentras, ils se font de 1,000 à 1,200 francs de revenus nets par hectare.

Les propriétaires de truffières en plaine se font des bénéfices plus considérables encore.

Dans la région du Sud-Ouest, en Périgord surtout, certaines truffières, de dimensions trop restreintes, malheureusement, donnent en proportion des bénéfices doubles et triples de celles situées sur les plateaux moyens des Basses-Alpes et de la Drôme et sur les flancs méridionaux et orientaux du mont Ventoux.

Neanmoins, rien n'approche de la trufficulture faite en plaine, dans les terrains ayant, bien entendu, la composition et l'exposition indispensables, et sous un ciel presque toujours pur.

Rappelons à ce propos une anecdote bien suggestive racontée par M. de Bosredon dans son Almanach du Trufficulteur pour 1899 :

« ... L'an dernier, dit-il, une surface de terrain contenant des truffières a été vendue dans la commune de Nadaillac, canton de Salignac (Dordogne) ; quelques jours après la vente, je demandai à l'acquéreur s'il avait acheté ces terrains un haut prix. « Je les ai achetés bien cher, me répondit-il, oui, bien cher ; je crois qu'il me faudra six années pour rentrer dans mon capital par le produit de la vente des truffes que j'y récolterai. » Nos plus habiles financiers seraient, je crois, fort embarrassés pour indiquer des placements de fonds aussi rémunérateurs. — On peut dire, ajoute avec combien de raison M. A. de Bosredon, que les truffières sont de petites mines d'or, connues seulement de leurs propriétaires et encore inconnues du public ; le jour où les capitalistes connaîtront leur rendement, leur valeur quintuplera. »

On ne saurait être plus éloquent. Dans certains petits villages des Basses-Alpes et du haut Vaucluse, ainsi que de la Drôme, on trouve des bois de chênes sans apparence, que les paysans ne vendraient pas pour la forte somme. Par les truffes qu'ils y récoltent, ces paysans se font des rentes qu'envieraient nos boulevardiers.

* * *

Les mémorables travaux de MM. Adolphe Chatin, Ferry de la Bellone, le duc de Lesparre, A. de Bosredon, etc., ont popularisé peu à peu la culture truffière — et depuis quelques mois surtout, les journaux de Paris, politiques ou agricoles, ont renseigné leur public sur les curiosités et les bénéfices quasiment fantastiques de cette branche de l'activité rurale (1).

Cette vulgarisation heureuse ne peut que provoquer l'utilisation des terrains aptes à la trufficulture. On en trouve encore, en effet, car la France n'est jamais à bout de ressources.

Combien d'ailleurs il serait à souhaiter que l'on redoublât d'efforts au point de vue trufficole ! N'est-il pas reconnu que la production actuelle est insuffisante pour satisfaire aux de-

(1) Notre éminent confrère et ami M. Camille Pabst a consacré à la truffe et à la culture truffière une intéressante notice de vulgarisation dans l'*Agriculture Moderne* (supplément hebdomadaire du *Petit Journal*).

mandés de la consommation française et de la consommation étrangère ?

D'après M. Chatin, la production des truffes noires, de la variété du Périgord ou de France, serait la suivante. Nous donnons la classification par ordre d'importance :

		Kilos
1°	Vaucluse	470.000
2°	Basses-Alpes	380.000
3°	Lot	360.000
4°	Drôme	180.000
5°	Dordogne	160.000
6°	Charente	53.000
7°	Aveyron	46.000
8°	Lot-et-Garonne	36.900
9°	Vienne	32.000
10°	Ardèche	30.000
11°	Bouches-du-Rhône	30.000
12°	Var	30.000
13°	Corrèze	20.000
14°	Charente-Inférieure	18.000
15°	Hérault	18.000
16°	Tarn	18.000
17°	Nièvre	12.500
18°	Tarn-et-Garonne	11.000

Les autres départements producteurs n'ont qu'une récolte inférieure à 10.000 kilogrammes.

Au total, d'après M. Chatin, la production en France de truffes noires, dites du Périgord, s'élèverait a deux millions de kilogrammes. Mais ces chiffres sont bien au-dessous de la réalité. Et il n'est pas exagéré de l'estimer à au moins cinq millions en moyenne.

Il est regrettable que M. le ministre de l'agriculture n'ait pas encore songé à dresser pour ce produit, qui fait la richesse de tant de petits pays, une statistique indiscutable.

Quant aux exportations, voici les relevés pour l'année 1897, comparée à 1896 :

Truffes fraîches, sèches et marinées :

		1897	1896
Angleterre.....	kilog.	91.900	62.409
Belgique.......	—	13.400	9.320
Allemagne.....	—	42.100	33.575
Autres pays...	—	59.200	47.031
Totaux..	kilog.	206.600	152.336
Valeurs en francs		2.087.640	1.641.648

Les exportations de 1898 ont été dans les mêmes proportions. Quant aux importations, elles sont sans importance et elles consistent en truffes blanchâtres de peu de valeur, servant surtout aux mélanges frauduleux. Ces truffes inférieures nous viennent principalement de l'Italie.

II

La culture des fraises au point de vue de la vente sur les marchés français et étrangers a, dans le Midi, notamment dans les départements de Vaucluse, des Bouches-du-Rhône et du Var, pris un développement merveilleux. C'est également une exploitation des plus rémunératrices, quoiqu'elle exige plus de frais d'engrais et de main-d'œuvre que celle des truffes.

Dans un rapport à la Société d'agriculture de Vaucluse, M. le professeur départemental Ed. Zacharewicz, nous a fort bien initiés à cette culture, telle qu'elle est pratiquée dans l'arrondissement de Carpentras :

« Si certaines variétés, dit-il, s'adaptent à tous les sols et y donnent les mêmes résultats grâce à la chaleur, à l'eau et aux engrais, d'autres au contraire demandent comme les vignes américaines des sols de nature différente. Ce n'est donc que par des essais des nouvelles variétés que l'on pourra s'assurer de leur bonne adaptation et les propager s'il y a lieu.

« Pour cette culture le sol est divisé en parcelles au moyen de palissades en roseaux dirigées de l'est à l'ouest. Ces palissades ont pour objet de préserver les plantes des effets fâcheux du vent du nord et de concentrer la chaleur solaire afin d'activer la maturité. On l'ameublit et on y met d'abord une bonne fumure si le terrain n'est pas de première qualité. Chaque parcelle est ensuite divisée en planches renfermant trois rangées parallèles de plants distants de 30 centimètres les uns des autres et en lignes séparées par une bande de terre de 45 à 50 centimètres qui permet de donner les arrosages et facilite la cueillette.

« La plantation des fraisiers se fait à toutes les époques de l'année, mais celles que l'on choisit de préférence sont fin juin et fin septembre. Si l'on plante en juin on a soin de conserver aux fraisiers une petite motte de terre qui aide à l'enracinement, devenu difficile pendant les grandes chaleurs.

« Les stolons qui doivent être utilisés ne sont pas enlevés au printemps, au contraire, on hâte leur développement par un paillis et des arrosages répétés.

« Si on tient à propager rapidement une bonne variété, on plante au printemps les quelques pieds que l'on possède sur un terrain richement fumé, en les mettant à une distance suffisante pour pouvoir étaler sur le sol les filetons ou stolons qui ne tardent pas à s'enraciner et à fournir des plantes qui sont mises en place fin juin.

« Pour obtenir chaque année de bons résultats

de la culture des fraises, on est obligé de donner des soins continuels aux fraisiers, les recouvrir d'un peu de fumier de ferme à la rentrée de l'hiver pour les garantir du froid et les débarrasser en octobre et novembre de leurs rejetons, de manière à laisser un intervalle de 25 à 30 centimètres entre les plantes. Cette opération se fait aussi après la cueillette afin que les pieds ne soient pas trop rapprochés, ce qui pourrait nuire à leur développement.

« Les binages sont répétés aussi souvent que l'exige le sol, ils sont faits superficiellement pour ne pas endommager les racines des fraisiers. Quant au nombre d'arrosages à donner, il varie suivant les années. Mais il faut dans tous les cas en être très sobre, l'excès d'humidité étant plutôt nuisible aux plantes qu'utile. Les pluies répétées de cette année en ont donné malheureusement un exemple, puisque dans la plupart des jardins maraîchers la moitié de la récolte a pourri sur place.

« L'époque de la cueillette varie dans le département, suivant que le sol par sa nature est plus ou moins apte à s'échauffer, aussi les variétés précoces qui mûrissent à Carpentras vers le 25 avril n'arrivent à maturité aux environs d'Avignon que vers le 5 mai. Elle se continue ordinairement jusqu'au 15 juin.

« Le rendement par hectare diffère selon les années, la nature du sol et la variété de fraise cultivée; il peut aller de 4,000 kilogrammes à 12,000 kilogrames par hectare.

« Les prix suivent de grandes fluctuations suivant l'époque de la cueillette : vendues de 3 à 5 francs le kilogramme au début, les fraises n'obtiennent au milieu de la récolte que 60 à 80 francs les 100 kilogrammes, pour tomber à la fin à 20 ou 25 francs.

« En prenant une moyenne de 50 francs les 100 kilogrammes, le rendement en argent par hectare de fraisiers peut donc être évalué de 2,000 à 6,000 francs. En défalquant pour tous les frais la moitié de la somme, il reste un bénéfice net de 1,000 à 3,000 francs par hectare.

« Nous pensons qu'il serait possible d'élever encore ce revenu en mettant en pratique le forçage des fraises de la manière suivante : au mois de septembre on disposerait sur des planches de 1 m. 30 de large les plantes sur 4 lignes en laissant une distance entre chaque pied de 0 m. 50. Les planches devront être séparées par une bande de terre de 0 m. 50 pour faciliter la cueillette. Dès le mois de novembre chaque planche serait recouverte de châssis; en janvier ou février, si on voulait encore activer la production, on creuserait la bande de terre servant de chemin et on y enterrerait une couche de fumier de cheval montant à la hauteur des châssis. La température intérieure ne tarderait pas à s'élever. Afin de la maintenir constante on aurait soin de remplacer le fumier lorsque ce dernier commencerait à se refroidir. Par ce moyen on commencerait à récolter vers la fin février. Aujourd'hui on peut remplacer la chaleur obtenue par le fumier au moyen du thermosiphon que l'on dispose sous les châssis. »

Telle est la méthode pratique généralement suivie aujourd'hui par les fraisiculteurs méridionaux.

* * *

Il va sans dire que le commerce des fraises, en présence du progrès de la culture, a pris un admirable essor, tant au point de vue de la consommation intérieure que de la consommation extérieure. Favorisés par des transports rapides et des tarifs réduits, les commissionnaires et les fraisiculteurs eux-mêmes entretiennent d'étroites relations avec les grandes villes d'Europe, telles que Turin, Genève, Berlin, Hambourg, St-Pétersbourg, Amsterdam, Londres, Liverpool, Manchester, Bruxelles, etc.

La Compagnie P.-L.-M. qui favorise dans la plus grande mesure l'agriculture intensive du littoral et des départements du sud-est, organise, même au printemps, des trains complets spéciaux à marche rapide, pour le transport des fraises et primeurs à destination de l'Allemagne. De Berlin, les fraises sont réexpédiées sur Saint-Pétersbourg. On trafique au surplus directement avec la grande capitale de la Russie par le moyen des colis-postaux.

On sait que les fraises de Carpentras, c'est-à-dire celles que l'off récolte dans cette belle plaine qui s'épanouit entre le Rhône, la Durance et le mont Ventoux, jouissent aujourd'hui d'une réputation universelle. On les recherche dès la fin de l'hiver et le commencement du printemps, comme en pleine saison, sur les marchés de Paris, de Lyon, de Genève et de Londres.

En avril et mai, les expéditions atteignent des proportions colossales.

Remarquons que les expéditeurs de Carpentras et des autres centres fraisicoles du département de Vaucluse ont tendance, depuis deux ou trois ans, à trafiquer plutôt avec l'Angleterre, l'Allemagne et la Russie qu'avec certaines régions françaises et même avec Paris — quoique les envois à destination de cette dernière place ne cessent de progresser.

A propos de la vente des fraises sur le marché de Londres, nous trouvons des renseignements du plus haut intérêt dans une lettre récente de la grande maison J.-W. Draper et Son, adressée au président du Comice agricole de l'arrondissement de Carpentras, — une association des plus actives et à qui, sans conteste, nous devons les beaux résultats fraisicoles dont l'agriculture nationale a bien le droit d'être fière :

« Nous avons un extrême plaisir à vous dire que les fraises sont arrivées en parfait état. Nous avons apporté tous nos soins à la vente et nous avons la satisfaction de vous dire que les fraises paraissent plaire aux acheteurs... La vente a souffert un peu aujourd'hui par cette raison que les cageots contenaient diverses espèces de fraises.

« Nous cherchions à enlever le papier couvrant chaque panier au moment de la vente, mais les acheteurs s'y sont opposés obstinément et si nous avions continué ce système, si peu en usage ici, nous aurions repoussé de bons clients. Donc nous avons cédé à leur désir et avons vendu chaque cageot sur l'échantillon d'un seul des paniers qu'il contenait. Cela a fait que quelquefois nous sommes tombés sur un bon panier et quelquefois sur un mauvais, et, par conséquent, le résultat pour chaque ne sert pas de guide au sujet de la qualité de la marchandise, excepté dans le cas où les clients ont envoyé un cageot composé de paniers contenant tous la même espèce. Donc nous vous prions de recommander de mettre qu'une seule espèce dans tous les quatre paniers contenus dans chaque cageots. Enfin nous croyons qu'il n'y a qu'une seule espèce qui sera toujours appréciée ici, c'est La Noble; c'est une très belle fraise ressemblant beaucoup à celles cultivées sous un autre nom. Le goût et le parfum du fruit sont très bons... Le résultat comme bonne année fait beaucoup espérer, et nous avons donné à la Compagnie des chemins de fer anglais des recommandations très sérieuses à l'égard du transport; les Compagnies françaises ont suivi les mêmes recommandations, et ainsi nous croyons que nous pourrons compter sur une surveillance exceptionnelle... »

Par ce que nous avons vu nous-même, dans le pays, nous pouvons affirmer que les indications des marchands de Londres ont été scrupuleusement suivies; la variété *Noble* est l'objet d'une culture intense, afin de plaire aux consommateurs de l'Angleterre. Cela n'empêche point que les variétés préférées du consommateur français : Docteur-Morère, Victoria, Marguerite, Héricart, etc., ne cessent d'être l'objet de toute l'attention des producteurs.

Il y a près de deux ans (en mai 1897) nous écrivions : « Le mouvement d'expédition de fraises de Carpentras est de plus en plus actif : du 27 avril au 13 mai, le nombre de wagons spécialement mis en route pour Paris s'est élevé à 82. De plus, des envois importants ont été faits à destination de Londres, Lyon, Genève, Annecy, Belfort, Mâcon, Dijon, Evreux, Angers, Strasbourg et Montpellier.

« La culture des fraises, et notamment des variétés Héricart, Docteur-Morère, Noble, Marguerite, etc., gagne chaque année du terrain ; elle donne, en effet, de sérieux bénéfices.

« Stimulés par une municipalité intelligente et un syndicat agricole des plus actifs, les cultivateurs de la région de Carpentras se sont tous lancés, les uns après les autres, dans cette exploitation et sont parvenus à faire oublier les désastres du phylloxera et de la concurrence de l'alizarine — tirée de la houille — qui a provoqué l'abandon total de la culture de la garance. »

C'est la vérité !

La fraisiculture est devenue une branche très importante de la production française — et elle n'a pas encore dit son dernier mot. Elle ne cesse de faire du chemin dans tout le Midi et le Sud-Est.

Actuellement, les expéditions de la région de Carpentras (gares de Carpentras, Monteux, Pernes, Sarrians, Aubignan-Loriol, Entraigues,

Velleron, etc.) dépassent chaque année cinq millions de kilogrammes ! Toutes les communes des arrondissements de Carpentras et d'Avignon suivent peu à peu le mouvement. Ainsi Velleron (une commune célèbre à plus d'un titre et qui, je l'espère, retrouvera sa prospérité d'autrefois), qui avait laissé de côté la culture des fraises, se ravise depuis deux ou trois ans : les expéditions faites directement de la gare de Velleron se sont élevées l'année dernière à 100,000 kil.

36530. -- Imp. de la Bourse de Commerce (Ch. Bivort).
33, rue J.-J.-Rousseau, Paris.

LIBRAIRIE DE LA BOURSE DE COMMERCE

Extrait du Catalogue général

Liste des Boulangers de Paris, du département de la Seine et des 9 départements limitrophes.

Liste des principaux Meuniers approvisionnant le rayon de Paris.

Négociants, Commissionnaires, Courtiers, etc.

Prix : broché.......... **1 fr. 50** franco

— reliure souple ... **2 fr. 50** —

Vocabulaire des principaux mots et termes employés dans la Meunerie et la Boulangerie, français-anglais-allemand-espagnol-italien. Prix : 2 fr.

Histoire abrégée de la Boulangerie en France, par MOREL (A.). — Très intéressant ouvrage de 20) pages avec nombreux dessins dans le texte. Prix : 2 fr.

Etude sur la situation et l'avenir des Petits Moulins en France, par VIRON (E.). — Brochure de 40 pages avec nombreux dessins dans le texte. Prix : 1 fr. 75.

Le Pain normal, par STEINMETZ. — Nouveau mode de mouture par l'élimination préalable de la fibre ligneuse du blé. Prix : 60 centimes.

La Culture du blé, par GATELLIER. — Brochure de 30 pages, avec dessins « le Grain de blé » ; légende. Prix : 75 centimes.

Agriculture élémentaire théorique et pratique, par LARGUE. — Livre de lecture à l'usage des écoles primaires, 8e édition, 1 vol. in-8, 300 pages, 180 gravures. Prix : 1 fr. 50.

Traité pratique du commerce des céréales en France et à l'étranger, par LEFÈVRE (H.). 1 vol. in-8 broché. Prix : 3 fr. 50.

La Culture et la Taille des Arbres fruitiers, par GRAVIER (L.-A.), professeur d'arboriculture. Prix : 1 fr. 50.

PETITE BIBLIOTHÈQUE RURALE

PAR

Gustave FALIÈS

N° 1. — TRUFFES ET FRAISES

EN PRÉPARATION :

Buvons du Cidre!

La Culture progressive du Blé.

La Réhabilitation de la Chèvre

La Morilliculture.

La Conquête forestière du Mont-Blanc.

L'utilité de l'Absinthe.

P.-S. — L'auteur traitera volontiers les sujets agricoles que les lecteurs de la *Petite Bibliothèque Rurale* voudront bien lui signaler.

Ecrire à ce propos à M. Hartmann, directeur de la Librairie de la Bourse de Commerce, 33, rue Jean-Jacques-Rousseau.

Chaque opuscule : **0 fr. 50. —** *Franco* : **0 fr. 60.**

DU MÊME AUTEUR :

Les Petits Elevages combinés et la Trufficulture dans les Alpes. *Franco.* **0 fr. 60**

Chicago en France (Considérations économiques sur l'Industrie porcine et charcutière). *Franco* .... **0 fr. 30**

Librairie de la Bourse de Commerce
33, rue J.-J.-Rousseau, Paris

www.ingramcontent.com/pod-product-compliance
Ingram Content Group UK Ltd.
Pitfield, Milton Keynes, MK11 3LW, UK
UKHW021942200726
13856UKWH00005B/1623

9 782011 902528